© de esta edición: Editorial Planeta, S.A., 2013
Avda. Diagonal, 662-664, 08034 Barcelona (España)
www.planetadelibrosinfantilyjuvenil.com
www.planetadelibros.com
Primera edición: julio de 2013
ISBN: 978-84-9951-478-9
Depósito legal: B. 13.613-2013
Impreso por Egedsa
Impreso en España – Printed in Spain

Dusty era un avión de fumigación de un pueblo pequeño. Soñaba con ser el avión de carreras más rápido del mundo. Para conseguirlo, tenía que ganar el *rally* Alas Alrededor de Mundo.

Dusty sólo pensaba en las carreras, incluso cuando estaba trabajando.

LANDING
KERNEL CO.
Aviation Fuels

Todos los días después del trabajo, Dusty entrenaba en Hélices Junction, sobrevolando su casa. La carrera de clasificación se iba a celebrar pronto.

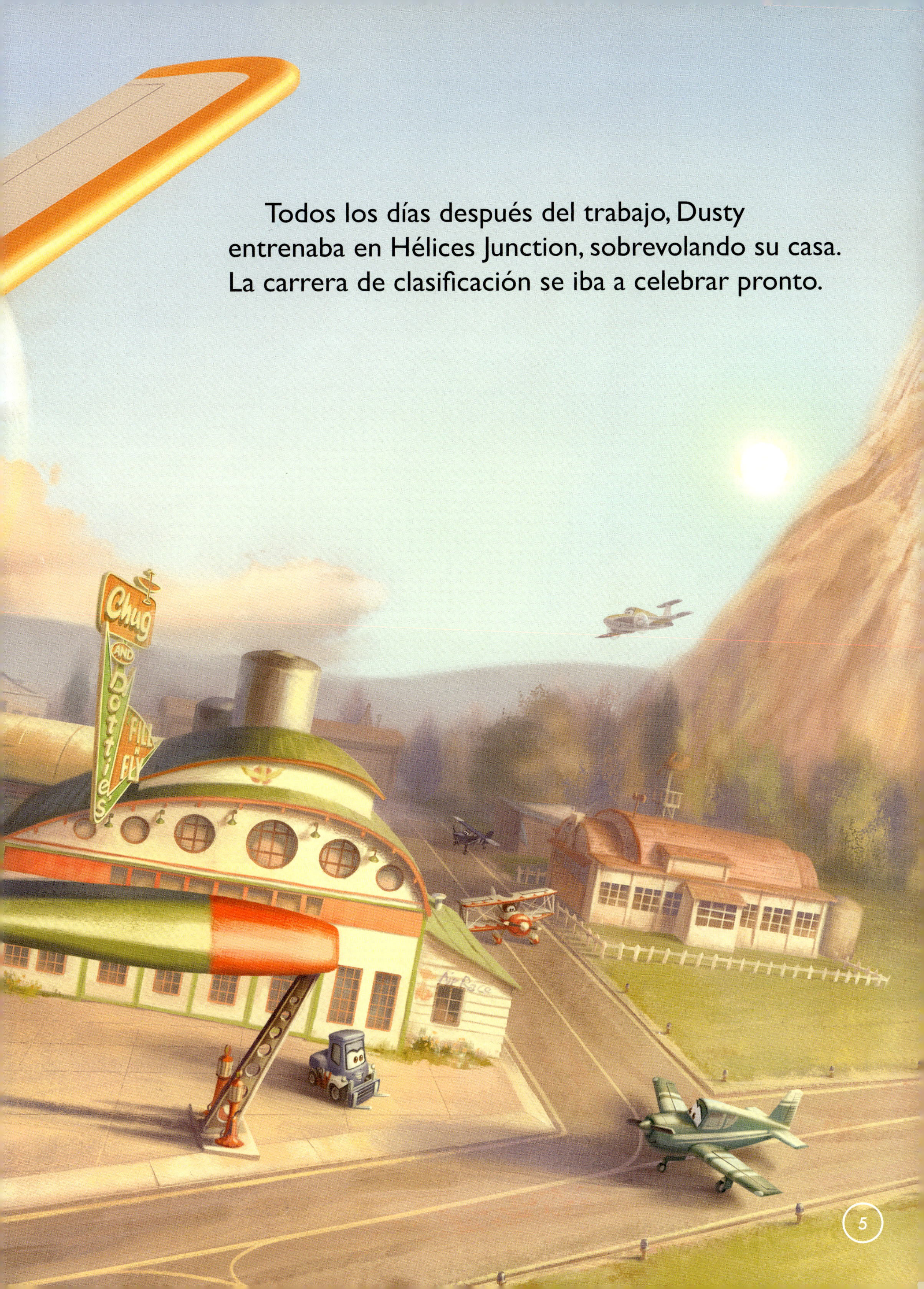

Chug, que dirigía la estación de servicio, era el mejor amigo de Dusty. Y también su entrenador. Le comentaba las diferentes maniobras utilizando un comunicador por radio.

Durante una sesión de entrenamiento, Dusty golpeó las copas de los árboles. Todo iba bien hasta que comenzó a perder aceite.

Dusty fue a visitar a Dottie, la mecánica del pueblo, para que le echara un vistazo. Ella lo había reparado mucho últimamente. Le preguntó si había estado corriendo otra vez.

Dusty lo negó, pero Chug llegó y dijo la verdad.

—No estamos hechos para correr —dijo Dottie, temiendo que tuviera un accidente si continuaba entrenando.

Cars

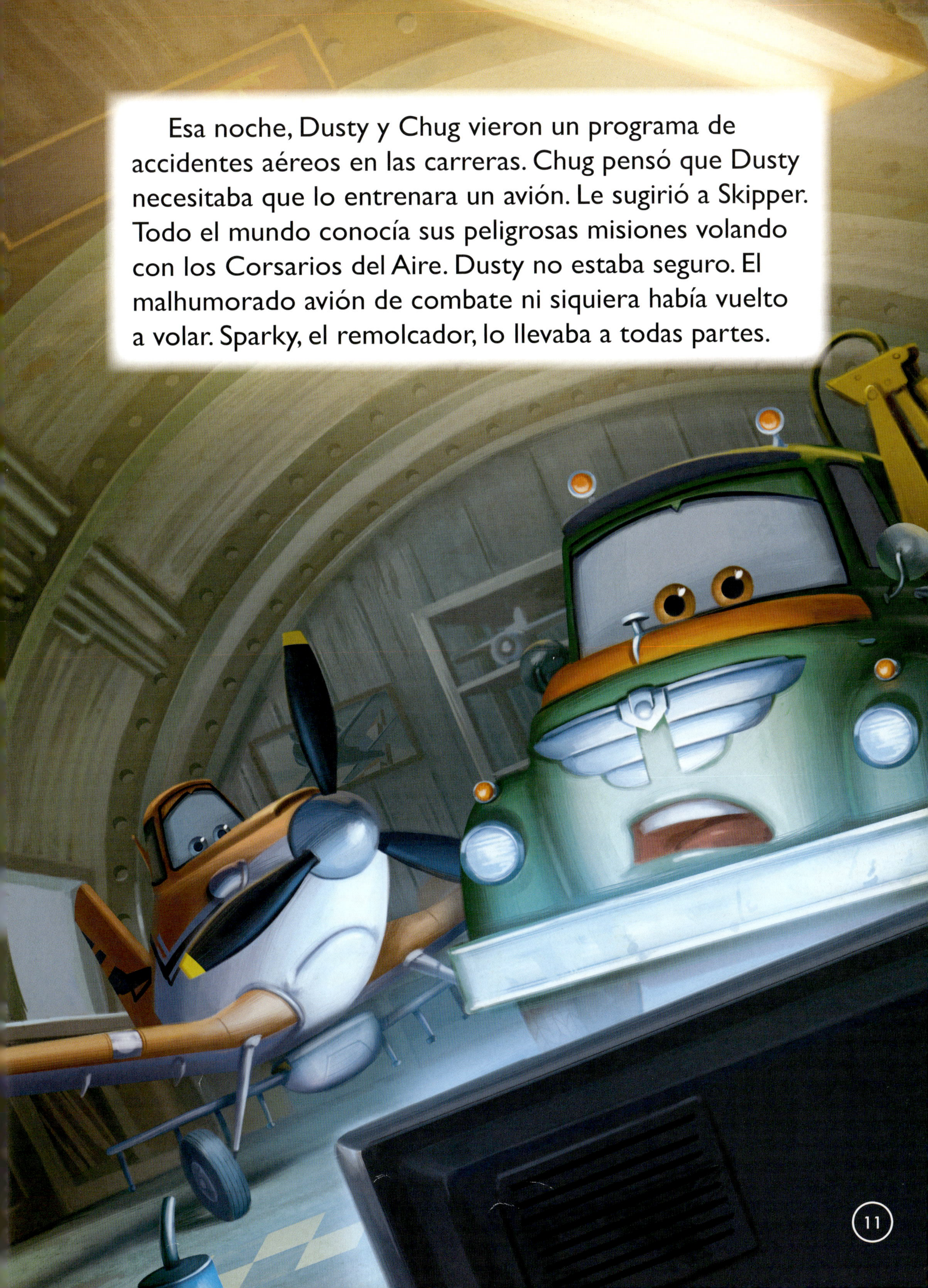

Esa noche, Dusty y Chug vieron un programa de accidentes aéreos en las carreras. Chug pensó que Dusty necesitaba que lo entrenara un avión. Le sugirió a Skipper. Todo el mundo conocía sus peligrosas misiones volando con los Corsarios del Aire. Dusty no estaba seguro. El malhumorado avión de combate ni siquiera había vuelto a volar. Sparky, el remolcador, lo llevaba a todas partes.

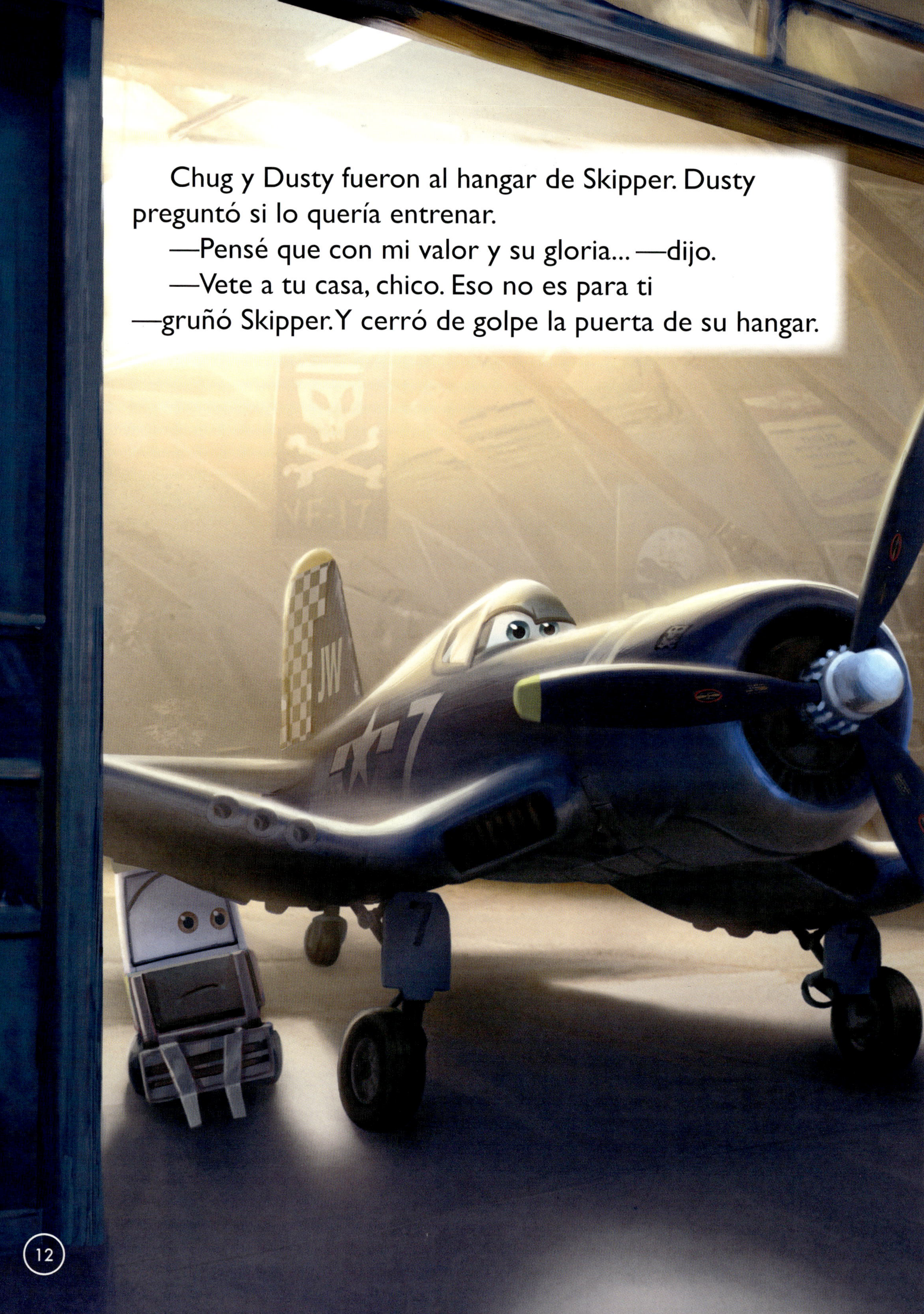

Chug y Dusty fueron al hangar de Skipper. Dusty preguntó si lo quería entrenar.

—Pensé que con mi valor y su gloria... —dijo.

—Vete a tu casa, chico. Eso no es para ti —gruñó Skipper. Y cerró de golpe la puerta de su hangar.

13
RIPSLINGER
23

Chug continuó entrenando a Dusty lo mejor que pudo. Pronto llegó el momento de la carrera de clasificación en Lincoln, Nebraska.

En la pista de aterrizaje, el tricampeón Ripslinger hizo una entrada espectacular. Sus compañeros de equipo, Ned y Zed, animaban el ambiente.

—¡Es tan bueno! ¡Ya se ha clasificado! —exclamó Dusty.

—¡Bienvenidos! —dijo el comisario de las carreras—. La prueba de hoy es una vuelta alrededor de los conos. Los cinco primeros se clasificarán para el *rally* Alas Alrededor de Mundo.

Uno a uno, los aviones fueron despegando. Todo el mundo estaba asombrado de un corredor llamado Fonzarelli, que marcó un tiempo extraordinario.

Dusty trató de concentrarse mientras se preparaba para el despegue. Tenía que ser lo suficientemente rápido para clasificarse entre los cinco primeros.

¡Todos se sorprendieron con su increíble carrera!

Dottie y Chug se acercaron rápidamente a felicitarlo. ¡Estaban tan orgullosos de su amigo!

Poco después, salieron los resultados oficiales. La carrera de Dusty había sido un poco más lenta que la de Fonzarelli. ¡Dusty no se había clasificado para el *rally*!

Estaba tan decepcionado que decidió abandonar.

WINGS
GLOBE

Una tarde, un comisario de las carreras apareció en Hélices Junction. Le dijo a Dusty que Fonzarelli había hecho trampas y había sido descalificado. Ahora él estaba en la quinta posición. Después de todo, ¡iba a correr en el *rally* de Alas Alrededor de Mundo!

WINGS
GLOBE

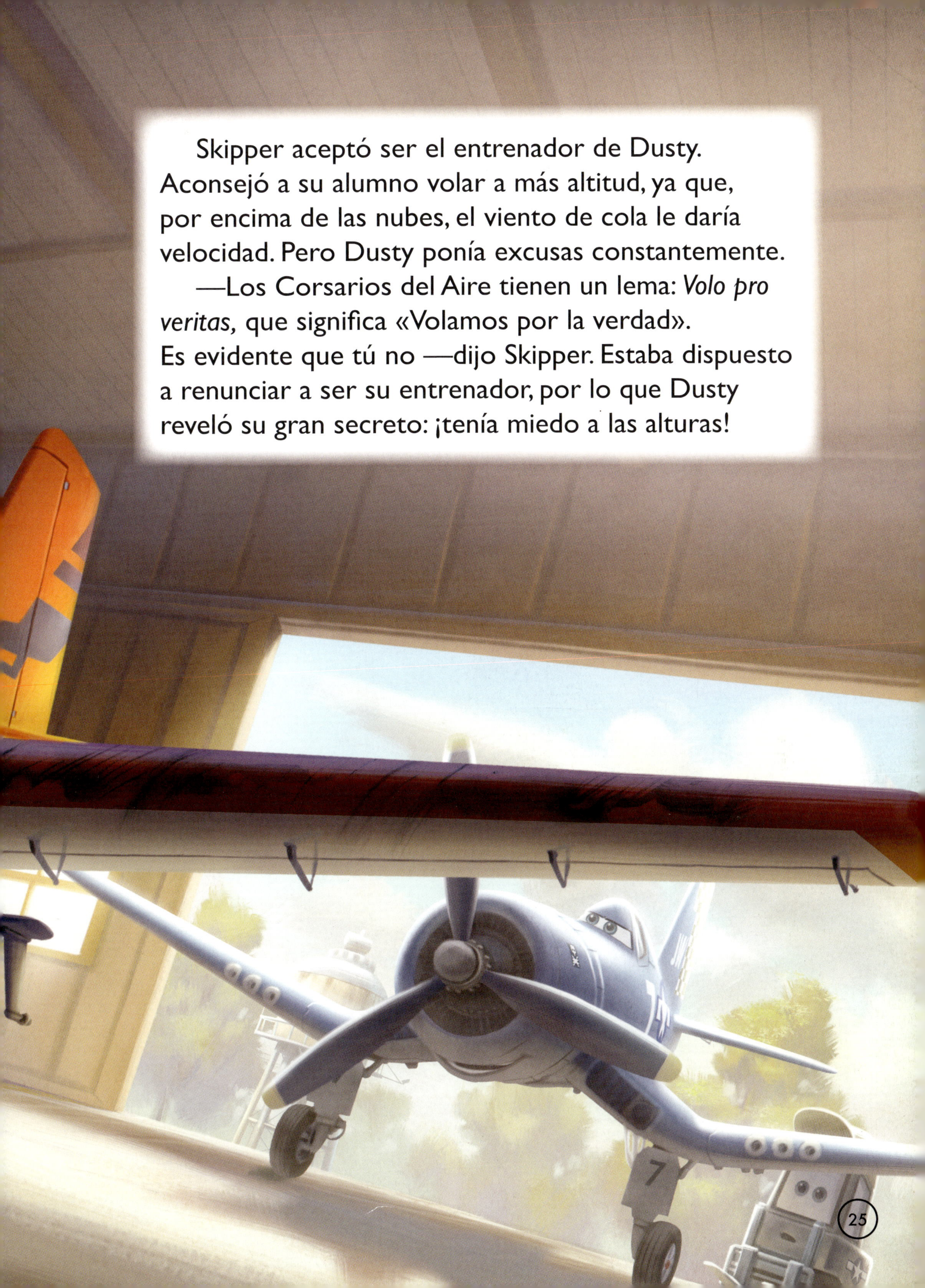

Skipper aceptó ser el entrenador de Dusty. Aconsejó a su alumno volar a más altitud, ya que, por encima de las nubes, el viento de cola le daría velocidad. Pero Dusty ponía excusas constantemente.

—Los Corsarios del Aire tienen un lema: *Volo pro veritas,* que significa «Volamos por la verdad». Es evidente que tú no —dijo Skipper. Estaba dispuesto a renunciar a ser su entrenador, por lo que Dusty reveló su gran secreto: ¡tenía miedo a las alturas!

Skipper encontró una manera de entrenar. Pidió a Dusty que corriera con la sombra de un avión de pasajeros que todos los días sobrevolaba Hélices Junction. Con trabajo duro y determinación, ¡Dusty ganaba algunas veces!

Finalmente llegó el momento de la gran carrera, que comenzaba en el aeropuerto internacional JFK de Nueva York.

—¡Guauu! —exclamó Dusty sobrevolando la ciudad.

Nunca había visto nada igual a Manhattan. Aterrizó en el masificado aeropuerto y ¡casi lo atropella un enorme *jet*!

De repente, un avión enmascarado anunció su llegada rugiendo en los boxes. Sólo Dusty sabía que se trataba de El Chupacabra.

—¡Es el campeón de carreras en interior de todo México! —exclamó.

Chu también era cantante, una estrella de televisión y escritor. Se hicieron amigos al instante.

Mientras tanto, la retransmisión televisiva de la carrera había comenzado. Los locutores deportivos pensaban que Ripslinger ganaría. Después de todo, ¡había ganado la carrera tres veces!

Dusty estaba abrumado por toda la acción y la emoción que lo rodeaban.

—Concéntrate —le recordó Chu—. No dejes que nada te distraiga.

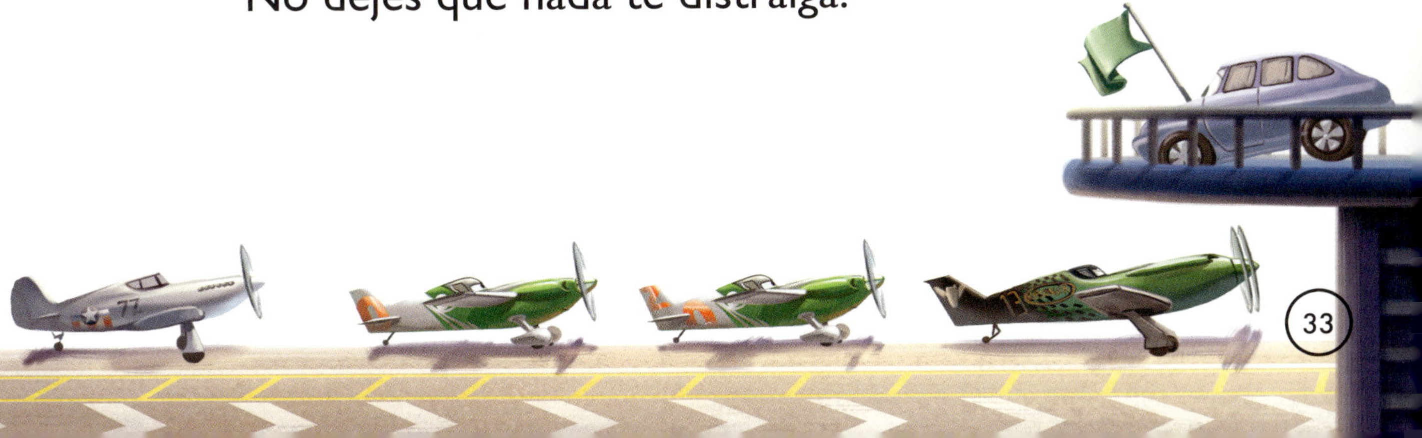

De repente, Chu vio a Rochelle, la campeona de *rallies* de Canadá. Estaba enamorado de ella.

—Es un ángel —dijo.

Pero tendría que conocerla en otra ocasión. La carrera estaba a punto de comenzar.

El comisario de la carrera bajó la bandera. ¡Los aviones salieron disparados hacia el cielo, en dirección a Islandia!

Las estelas de los corredores más grandes zarandearon a Dusty. Rápidamente alcanzaron más altitud y lo dejaron atrás.

Al llegar al Atlántico Norte debían atravesar una tormenta de granizo y nieve. Los aviones volaron por encima de la tormenta, pero Dusty todavía tenía miedo a las alturas. Así que voló por el centro. Le castañeteaban los dientes mientras se esforzaba por ver algo. ¡Casi choca contra un iceberg!

Dusty llegó a Islandia unas horas después que los demás. Eso significaba que sería el último avión en despegar al día siguiente.

Confesó a sus amigos que estaba muy desanimado.

—Tienes que intentar volar más alto —le recordó Skipper.

El siguiente tramo de la carrera era un vuelo nocturno a Alemania. Durante el viaje, Bulldog empezó a perder aceite. Le golpeaba contra el parabrisas y le impedía ver.

Pero Dusty estaba decidido a no dejar que Bulldog tuviera un accidente. Se puso al lado del corredor inglés y lo ayudó a aterrizar. Esta buena acción le valió el último puesto.

Más tarde, los corredores se reunieron en la sala de petróleo. Mientras Dusty y Chu hablaban, se acercó a ellos Franz, un tímido aficionado alemán.

También volaba como si fuera otro avión. En la tercera etapa, fue adelantando a un corredor tras otro por las montañas de la India. ¡Volar bajo y zigzaguear entre los obstáculos era su especialidad!

Dusty pasó del último lugar a la octava posición. Los locutores comenzaron a hablar de ello. El recién llegado empezó a tener seguidores en todo el mundo.

Ripslinger estaba enfadado por toda la atención que Dusty estaba recibiendo. ¡Se suponía que él era la estrella de la carrera!

Sparky llevó a Skipper hasta la pista. Entonces Skipper respiró profundamente y encendió su motor. Unos segundos más tarde, lo apagó. Parecía agotado.

Al día siguiente, Dusty habló por radio con sus amigos de Hélices Junction.

La siguiente etapa de la carrera lo llevaría al Himalaya. Dusty quería volar entre las montañas, no sobre ellas.

—Mala idea —dijo Skipper—. Es hora de apretar tuercas. Puedes volar mucho más alto de lo que piensas.

Dusty se emocionó cuando Ishani lo invitó a volar sobre el Taller Mahal. Mientras disfrutaban de las vistas, Ishani habló de la carrera. Sabía que a Dusty le gustaba volar bajo y le dio un consejo. No tenía por qué volar por encima de las montañas; podía seguir las vías del tren, que discurrían por un valle.

Al día siguiente comenzó la etapa en Nepal. Los aviones se dirigieron a las montañas. Dusty voló bajo, siguiendo las vías del tren, pero desaparecieron en un túnel. ¡Tendría que volar más alto!

Lo intentó, pero su miedo a las alturas pudo con él. Se armó de valor, se inclinó hacia un lado y voló por el interior del túnel. De repente vio la luz de un tren que se aproximaba. Aceleró. ¡Pudo salir del túnel unos segundos antes de que el tren entrara!

Dusty aterrizó en un tranquilo valle de Nepal.

—¿Ya se han ido los demás? —preguntó a un comisario.

—No ha llegado nadie todavía. ¡Estás en primera posición! —respondió el comisario.

Cuando aterrizó Ishani, Dusty se dio cuenta de que tenía una hélice nueva. Era del mismo tipo que las del equipo de Ripslinger.

Entonces se dio cuenta de que Ishani ayudaba a Ripslinger para echarle de la carrera.

—Pensé que abandonarías —confesó Ishani.

Dusty se había convertido en la estrella de la carrera. ¡Millones de coches en todo el mundo estaban pendientes de él! Lo animaban mientras volaba a la siguiente etapa, en Shanghai, China.

El novato era ahora la principal amenaza de Ripslinger. ¡Era la noticia principal en deportes!

Durante su estancia en China, Dusty habló de la siguiente etapa con sus amigos. Lo llevaría a través del Pacífico hasta Hawai para repostar, y luego a México.

—Grandes monzones —advirtió Skipper—. Pueden arrancarte las alas de inmediato. Ten cuidado.

Chug tenía una sorpresa: ¡iban a reunirse con Dusty en México!

A la mañana siguiente, los pilotos sobrevolaban el Pacífico. Se elevaron por encima de las nubes, mientras Dusty se quedaba entre la niebla.

Uno de los corredores, Zed, lo golpeó y rompió su antena. Sin ella, Dusty perdió contacto por radio y en seguida empezó a volar desorientado.

BRAV
113

Dusty siguió volando cada vez más lejos. No había tierra a la vista, y ¡se estaba quedando sin combustible! De repente, dos cazas navales se detuvieron junto a él y le dijeron que los siguiera. Podía aterrizar en su portaaviones.

¡Dusty no lo podía creer! Era el *Dwight D.Vuelenhower* el antiguo barco de Skipper.

Miró hacia abajo para ver la pista de aterrizaje. Los aviones de la Marina, Eco y Bravo, lo guiaron en la maniobra. Aterrizó en la cubierta y rebotó en una valla de seguridad. ¡Todo el mundo estalló en aplausos!

JOLLY WRENCHES
WALL OF FAME
YAMATO

A bordo de la nave, Dusty encontró la foto de Skipper en la pared dedicada a los héroes de los Corsarios de Aire. Sólo había escrita una misión junto a su entrenador.

—¿Es verdad? —le preguntó por radio. Skipper admitió que así era, pero que no había tiempo para explicaciones. Había una terrible tormenta sobre el océano. ¡Tenía que abandonar el portaaviones de inmediato!

Dusty tenía combustible y una antena nueva. Nunca había estado tan preparado.

La tripulación lo catapultó fuera del barco. ¡De nuevo se ponía en camino!

La lluvia lo golpeaba y los relámpagos irrumpían por todas partes. Dusty luchaba en pleno Pacífico. Volaba tan bajo que se estrelló contra una ola. ¡Hizo una llamada desesperada de socorro antes de que fuera arrastrado bajo el agua! Un helicóptero de la Marina mexicana llegó justo a tiempo.

Después de sacarlo del agua, el helicóptero llevó al maltrecho Dusty hasta un hangar en México. Sus amigos, preocupados, lo rodearon.

Skipper pidió a todos que salieran. Luego, habló a Dusty sobre su única misión. Había perdido a todo su escuadrón de novatos. Desde entonces no había vuelto a volar.

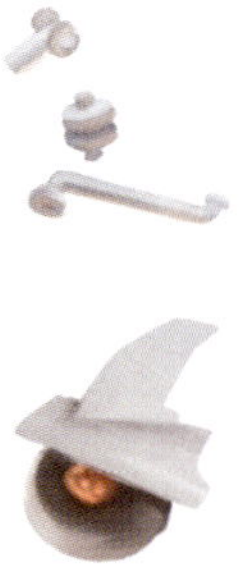

Dusty no podía volar en el estado en que se encontraba. Sin embargo, sus competidores decidieron que no querían correr sin él. Le llevaron las piezas que necesitaba. Incluso Ishani le dio la nueva hélice que había recibido de Ripslinger.

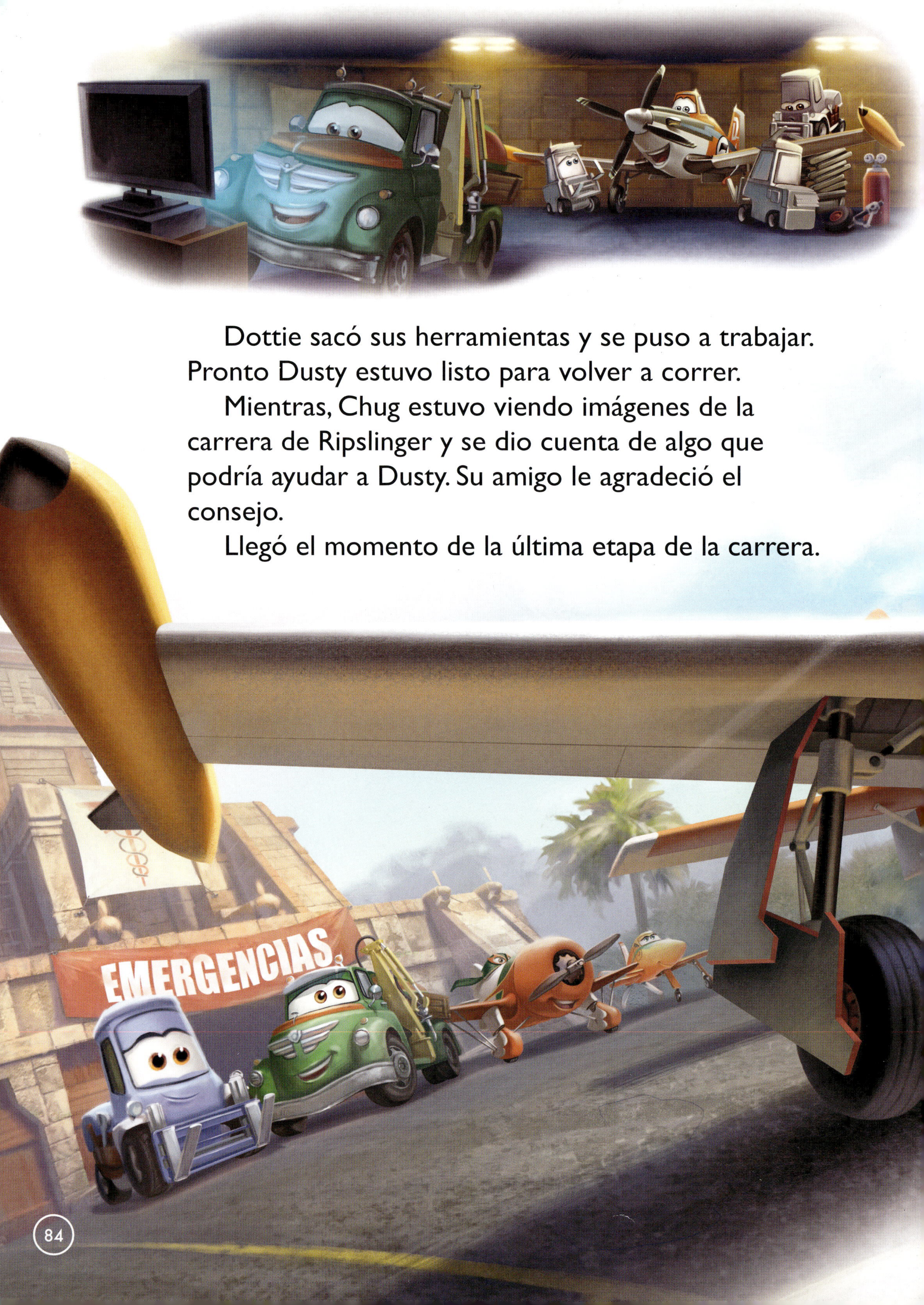

Dottie sacó sus herramientas y se puso a trabajar. Pronto Dusty estuvo listo para volver a correr.

Mientras, Chug estuvo viendo imágenes de la carrera de Ripslinger y se dio cuenta de algo que podría ayudar a Dusty. Su amigo le agradeció el consejo.

Llegó el momento de la última etapa de la carrera.

0:00:00

—¡Nos vemos en Nueva York! —exclamó Dottie.

Dusty despegó y en seguida superó a los demás. ¡Estaba justo detrás de Ripslinger!

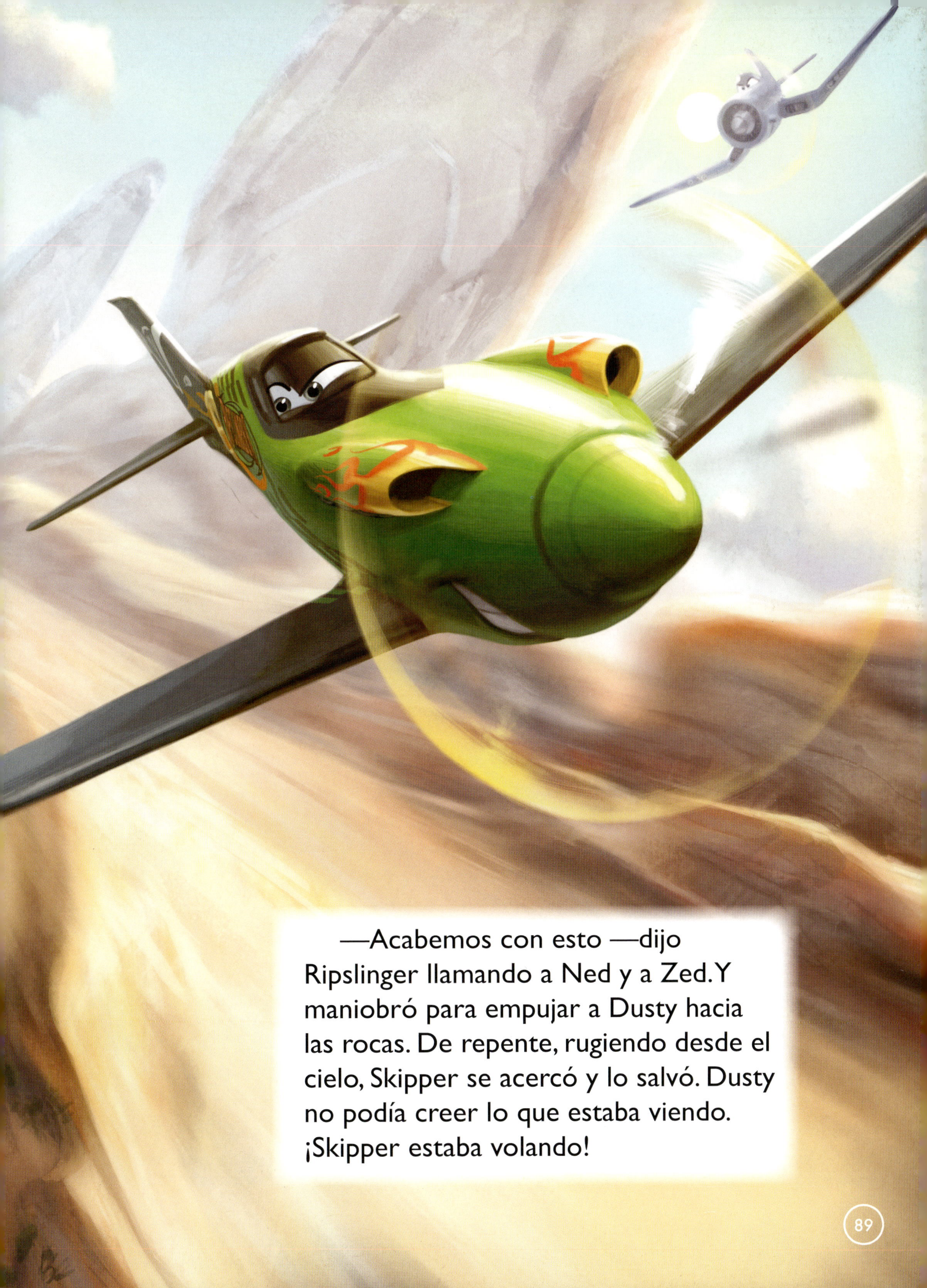

—Acabemos con esto —dijo Ripslinger llamando a Ned y a Zed. Y maniobró para empujar a Dusty hacia las rocas. De repente, rugiendo desde el cielo, Skipper se acercó y lo salvó. Dusty no podía creer lo que estaba viendo. ¡Skipper estaba volando!

—¡Ve a por él! —gritó Skipper.

Dusty sabía que sólo había una manera de rebasar a Ripslinger: volar alto y aprovechar los vientos de cola para ganar velocidad. ¡Venció su miedo y atravesó las nubes!

Dusty gritó de emoción cuando salió disparado hacia adelante. Pronto vio a Ripslinger debajo de él.

AEROFLEX
COMPOSITES

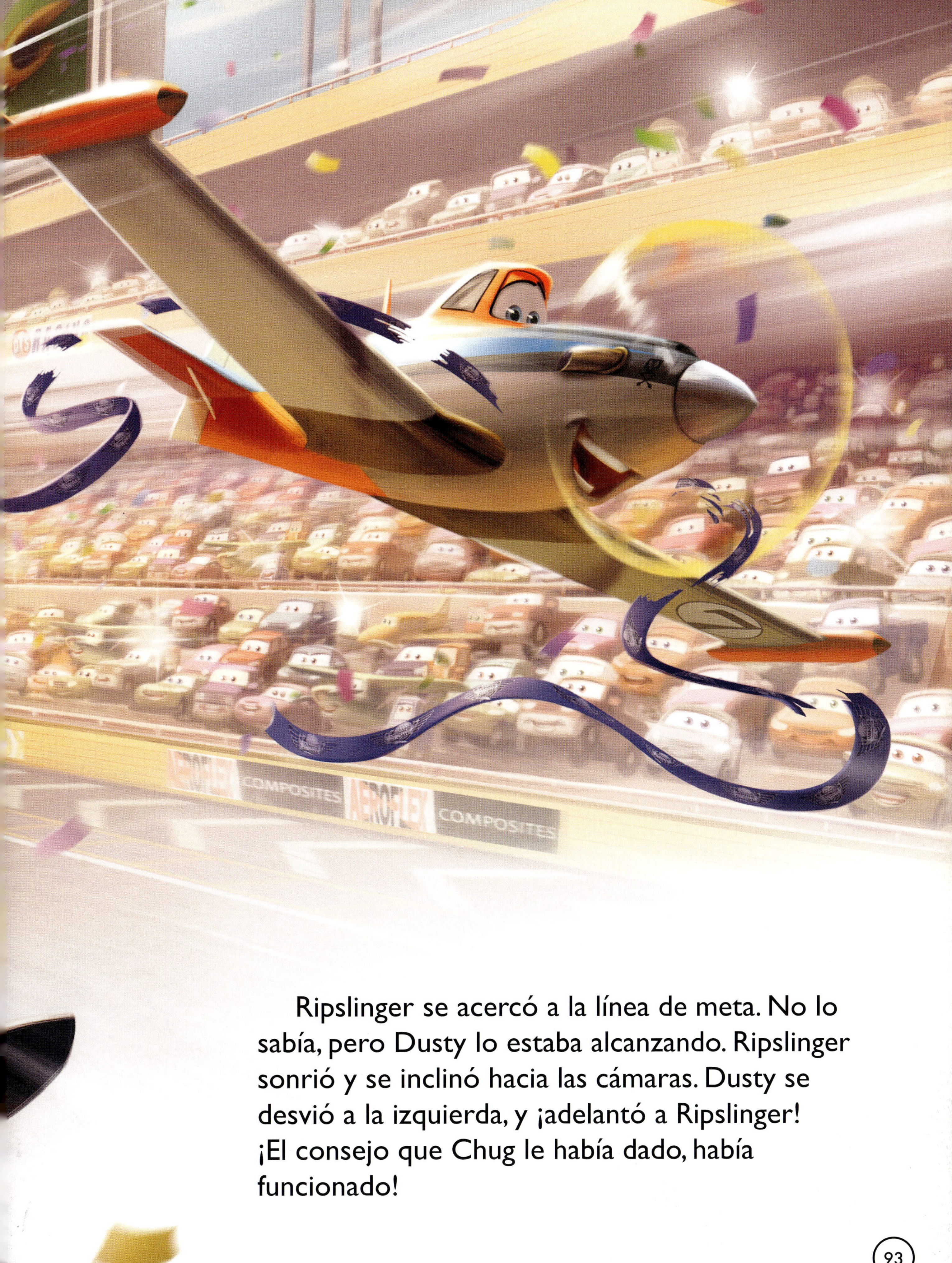

Ripslinger se acercó a la línea de meta. No lo sabía, pero Dusty lo estaba alcanzando. Ripslinger sonrió y se inclinó hacia las cámaras. Dusty se desvió a la izquierda, y ¡adelantó a Ripslinger! ¡El consejo que Chug le había dado, había funcionado!

Los amigos de Dusty se abrieron paso entre los periodistas para felicitar al nuevo campeón. Todos estaban muy orgullosos de él.

Dusty les dio las gracias por su ayuda. Estaba muy agradecido a Skipper, que se había enfrentado a su mayor temor para salvarlo. Gracias a él, ¡el sueño de Dusty se había hecho realidad!

Antes de volver a casa, Dusty y Skipper asistieron a una ceremonia especial en el *Dwight D. Vuelenhower*. Luego, se elevaron hacia el cielo. ¡Sus aventuras acababan de empezar!